15 Esercizi sul Servizio nel Tennis, Esercizi per potenziare la Resistenza, Rotazione, e Potenza

"Impara come direzionare il tuo servizio per diventare il migliore nel mondo"

Joseph Correa

Allenatore Professionista Certificato di Tennis

COPYRIGHT PAGE

© 2016 Finibi Inc

Tutti i diritti riservati. Questo libro o parti di esso non possono essere riprodotti o utilizzati in alcun modo senza l'espressa autorizzazione scritta dell'editore ad eccezione di brevi citazioni di libri per le recensioni del libro.

Scansione, copia, e la distribuzione di questo libro via Internet o tramite qualsiasi altro mezzo senza l'espressa autorizzazione dell'editore e dell'autore è illegale e punibile dalla legge.

Si prega di acquistare solo edizioni autorizzati di questo libro. Si prega di consultare il proprio medico prima di allenarsi usando questo libro.

CENNI SULL'AUTORE

Ciao, il mio nome è Joseph Correa e sono un allenatore ed insegnante di tennis da oltre 15 anni. Ho giocato a tennis professionale per anni e ora sono un allenatore professionista certificato USPTR.

Dopo anni di competizione e di formazione con alcuni dei migliori al mondo ho imparato che la maggior parte delle persone possono arrivare al successo con il giusto allenamento mentale, fisico, emotivo.

Tecniche scientifiche collaudate, allenamenti, e passo dopo passo le fasi devono essere eseguite per raggiungere la vetta e per questo motivo ho preparato il primo gruppo di allenamento in DVD e i libri che ti mostrano come raggiungere i tuoi obiettivi.

Attraverso i miei strumenti di lavoro e di insegnamento, ho aiutato centinaia di giocatori amatoriali e professionisti del tennis per farli progredire nelle loro performance fisiche e mentali per ottenere grandi risultati.

Io ti insegno tutto quello che è necessario per raggiungere i tuoi obiettivi e spero potrei goderne e condividere queste lezioni ed idee con i propri cari.

Buona fortuna,
Joseph

INDICE DEI CONTENUTI

COPYRIGHT

CENNI SULL'AUTORE

15 ESERCIZI DI SERVIZIO NEL TENNIS PER POTENZIARE LA RESISTENZA, ROTAZIONE E POTENZA

10 SEGRETI DEL TENNIS PER VINCERE DI PIU'

BONUS: 5 ERRORI CHE PROBABILMENTE NON SAI DI FARE

ALTRI TITOLI DELL'AUTORE

15 ESERCIZI SUL SERVIZIO NEL TENNIS, ESERCIZI PER POTENZIARE LA RESISTENZA, ROTAZIONE, E POTENZA

1. Esercizio per aumentare la percentuale del primo servizio

Assicurati di riscaldarti, prima di colpire duramente il primo servizio. I primi servizi possono essere lanciati senza effetti, con slice, in modalità kick o con topspin, a seconda del tuo stile di gioco preferito e quindi non è necessario colpire solo in modo piatto e forte. Spesso i giocatori che si confrontano sulla terra battuta utilizzano quello che è chiamato tre quarti di servizio. Questo è semplicemente un secondo servizio molto veloce che viene normalmente fatto con rotazione ma è anche molto più rischioso.

Inizia a servire a metà del campo. Mentre stai per servire, e quando la pallina si ferma sul box del servizio, dovresti chiamare "1 primo servizio dentro la riga". Il prossimo servizio che riesci a colpire in modo corretto per te dovrebbe essere "2 primo servizio dentro la riga", ma se perdi torni semplicemente a zero. L'obiettivo è quello di ottenere il maggior numero di primi servizi consecutivi. Se per qualsiasi motivo non sei a 10 o 15 servizi e perdi, devi tornare a zero perché questo esercizio va fatto in questo modo. Una volta che ritieni di aver superato il numero più alto, passa sull'altro lato del campo e fai lo stesso, cambia campo perché è molto importante dal momento che la maggior parte delle persone serve meglio da una parte che dall'altra, ma è possibile determinarlo solo dandoti una possibilità su entrambi i lati per stabilire il tuo numero più alto possibile.

Questo esercizio ti aiuterà a migliorare le tue percentuali sul primo servizio che di norma fa ottenere punti più liberi nella vostra partita. Ricordati di eseguire il numero più alto di servizi da tutti e due i lati in modo da cercare di migliorare quel record e superarlo quel giorno oppure la settimana successiva.

2. Esercizio per aumentare la percentuale del secondo servizio

L'esercizio per la percentuale del secondo servizio è veramente semplice. Devi iniziare sul lato destro del campo. Iniziando con il secondo servizio e quando va a segno devi contare "1 secondo servizio dentro la linea" e quando lo fai di nuovo "2 secondo servizio dentro la linea". Se perdi un servizio devi ricominciare da zero. Il tuo obiettivo è di raggiungere il più alto numero possibile per aumentare la confidenza sotto pressione e diventare più resistente.

Una volta che hai terminato di servire dal tuo lato destro del campo, passa a quello sinistro e servi da lì. Scambiare i lati è importante così potrai capire quale sia il tuo lato migliore. Molte persone hanno un lato più forte o favorito. Segnati I tuoi numeri più alti per entrambi I lati e poi prova ad incrementarli ogni volta che fai allenamento nei servizi.

3. Esercizio di preparazione alla partita

Stai andando a giocare una partita contro te stesso e senza un avversario dall'altra parte del campo. Inizia con due servizi. Un primo servizio e un secondo servizio. Se il primo servizio va a buon fine non c'è bisogno di servire un secondo servizio, proprio come in una vera partita. Se fai punto con il primo servizio conta "15-0" e passa all'altro lato del campo, come si farebbe normalmente in una vera e propria partita di tennis. Se sbagli il tuo primo servizio dovresti servire un secondo servizio. Se il servizio va a buon fine, conterai un punto, ma se lo perdi dovrai contare un punto contro di te come si farebbe normalmente "0-15". Conta proprio come in una normale partita. Una volta terminato il primo gioco, passa al secondo gioco. Il tuo obiettivo è quello di finire vincendo il set raggiungendo 6 giochi proprio come in una partita normale. Se vinci 6-0 allora dovresti passare ai due esercizi successivi, ma se si vince o si perde 6-4 3-6, dovresti spendere più tempo su questo esercizio prima di passare ai prossimi due qui sotto.

4. Esercizio di preparazione alla partita per il Primo servizio

Stai andando a giocare una partita contro te stesso e senza un avversario dall'altra parte del campo. Inizia con due servizi. Un primo servizio e un altro primo servizio al posto del secondo. Se il primo servizio va a buon fine non c'è bisogno di servire un secondo servizio, proprio come in una vera partita. Se fai punto con il primo servizio conta "15-0" e passa all'altro lato del campo, come si farebbe normalmente in una vera e propria partita di tennis. Se sbagli il tuo primo servizio dovresti servire un secondo servizio (che in questo esercizio sarà nuovamente un primo servizio). Se il servizio va a buon fine, conterai un punto, ma se lo perdi dovrai contare un punto contro di te come si farebbe normalmente "0-15". Conta proprio come in una normale partita. Una volta terminato il primo gioco, passa al secondo gioco. Il tuo obiettivo è quello di finire vincendo il set raggiungendo 6 giochi proprio come in una partita normale, ma solamente servendo primi servizi, anche quando sarebbe il turno del secondo.

Questo esercizio ti farà accrescere di molto la tua percentuale di primo servizio sotto pressione in una partita.

5. Esercizio di preparazione alla partita per il Secondo servizio

Stai andando a giocare una partita contro te stesso e senza un avversario dall'altra parte del campo. Inizia con due servizi. Un secondo servizio (al posto del primo) e un altro secondo servizio. Se il primo servizio va a buon fine non c'è bisogno di servire un secondo servizio, proprio come in una vera partita. Se fai punto con il primo servizio conta "15-0" e passa all'altro lato del campo, come si farebbe normalmente in una vera e propria partita di tennis. Se sbagli il tuo primo servizio dovresti servire un secondo servizio (che in questo esercizio sarà nuovamente un secondo servizio). Se il servizio va a buon fine, conterai un punto, ma se lo perdi dovrai contare un punto contro di te come si farebbe normalmente "0-15". Conta proprio come in una normale partita. Una volta terminato il primo gioco, passa al secondo gioco. Il tuo obiettivo è quello di finire vincendo il set raggiungendo 6 giochi proprio come in una partita normale, ma solamente servendo secondi servizi, anche quando sarebbe il turno del primo.

Questo esercizio ti farà accrescere di molto la tua percentuale di secondo servizio sotto pressione in una partita.

6. Esercizio da parte a parte

In questo esercizio devi iniziare servendo dal tuo lato destro del campo. Inizia servendo in modo ampio e poi cambia servendo nella fascia centrale, conosciuta anche come "centro T". Alterna ogni volta che colpisci una palla in modo da non servire mai sullo stesso lato. Quando avrai colpito 30-100 palle sul lato destro del campo da tennis, cambia e fai lo stesso sul lato opposto. La quantità di servizi colpiti è determinata dal tuo livello di gioco e anche da quanti servizi puoi eseguire senza danneggiare la spalla, soprattutto se hai avuto problemi alla spalla in passato.

7. L'esercizio del servizio 3-in1

In questo esercizio devi iniziare a servire dal tuo lato destro del campo. Servirai ai tre punti comuni nel box del servizio: fuori e ampio, sul corpo, e verso il centro o centro "T". Inizia servendo in modo ampio, poi esegui il tuo servizio successivo verso il corpo del tuo avversario, e l'ultima o terza palla, dovrai servirla a metà o al centro del campo. Dovrai ripetere questo schema ogni volta per migliorare il tuo obiettivo.

Quando avrai colpito 30-100 palle sul lato destro del campo da tennis, cambia e fai lo stesso sul lato opposto. La quantità di servizi colpiti è determinata dal tuo livello di gioco e anche da quanti servizi puoi eseguire senza danneggiare la spalla, soprattutto se hai avuto problemi alla spalla in passato.

8. L'esercizio per il servizio in futuro

Inizia posizionando un cono di circa 4-6 metri dalla linea di servizio di fronte a dove starai in piedi al momento di servire. Avrai bisogno di servire e poi correre in avanti verso il cono in senso anti-orario guardando sempre verso l'altro lato del campo in modo da non corrergli attorno. Quando torni indietro alla linea di servizio, prendi un'altra palla e fallo di nuovo. L'obiettivo è quello di iniziare a prendere contatto più in avanti, oltre la linea di servizio, per beneficiare della vicinanza all'obiettivo, che sarà sempre nel box di servizio sul lato opposto del campo. Questo esercizio ti aiuterà in modo positivo il tuo servizio:

1. Migliorerà il tuo tiro.

2. Ti aiuterà a stare completamente in avanti mentre entrerai in contatto con la pallina in modo che il braccio non sia limitato o nascosto.

3. L'esercizio ti insegnerà ad usare tutto il corpo, non solo il braccio per creare energia.

4. Migliorerà inoltre il tuo gioco di rete perché sarai costantemente in movimento verso la rete.

5. Imparerai a colpire lungo il campo e non verso l'alto verso l'altro lato del campo.

6. Il morale rimarrà alto più a lungo del solito, che ti porterà a lanciare più palle oltre la rete.

Quando avrai colpito 30-100 palle sul lato destro del campo da tennis, cambia e fai lo stesso sul lato opposto. La quantità di servizi colpiti è determinata dal tuo livello di gioco e anche da quanti servizi puoi eseguire senza danneggiare la spalla, soprattutto se hai avuto problemi alla spalla in passato.

9. Esercizio del "serve and volley"

Per l'esercizio di serve and volley è necessario iniziare sulla linea di servizio. Inizia servendo e vai avanti verso la rete. Sarà necessario eseguire un tiro al volo immaginario sul lato del diritto. Mi piace chiamare questo un tiro al volo simulato dal momento che non si ha intenzione di entrare in contatto con qualsiasi palla su quel colpo ma avrai bisogno di utilizzare la tua migliore tecnica e dovrai sforzarti su di esso in modo da non limitarti ad eseguirlo e basta. La chiave è quella di assicurarsi che si attraversa la linea del campo nel mezzo prima di fare la volée in modo che tu sia andato fino in fondo alla rete. Si tratta di un esercizio fisicamente molto impegnativo, ma ne vale la pena.

Eseguilo 10-50 volte sul tuo lato destro del campo e dividi il servizio tra raffiche di mezza volée con diritto e mezza volée di rovescio quando si entra in rete. È possibile aggiungere un tiro sopra la testa dopo il tiro al volo, che può ulteriormente migliorare il tuo gioco di serve e volley.

I servizi in totale dovrebbero essere 30-100 sul lato destro del campo.

Quando avrai colpito 30-100 palle sul lato destro del campo da tennis, cambia e fai lo stesso sul lato opposto. La quantità di servizi colpiti è determinata dal tuo livello di gioco e anche da quanti servizi puoi eseguire senza danneggiare la spalla, soprattutto se hai avuto problemi alla spalla in passato.

10. Esercizio per il servizio a tre-quarti

Per l'esercizio per il servizio a tre-quarti dovrai stare sulla linea di servizio sul lato destro del campo. Avrai bisogno di servire un veloce secondo servizio per avere ancora una qualche forma di controllo e di coerenza nel servire, ma sii molto più aggressivo con esso. Dovrebbe essere un servizio che dà filo da torcere al tuo avversario, ma non deve necessariamente essere un ace. Il modo migliore per farlo è con uno slice o un servizio kick, ma lo puoi eseguire anche senza effetti, se non hai alcuna rotazione nel servizio.

Quando avrai colpito 30-100 palle sul lato destro del campo da tennis, cambia e fai lo stesso sul lato opposto. La quantità di servizi colpiti è determinata dal tuo livello di gioco e anche da quanti servizi puoi eseguire senza danneggiare la spalla, soprattutto se hai avuto problemi alla spalla in passato.

11. L'esercizio per il servizio "Muoviti attorno alla linea di base"

Per questo esercizio è necessario stare dalla parte destra della linea di servizio e iniziare il più possibile vicino al centro. Dovrai servire da quel punto e poi fare un passo a destra e servire di nuovo. Potrai ripetere questo fino ad arrivare al bordo. In quel momento inizierai a servire facendo un passo verso sinistra per tornare al centro del campo. Non avere fretta quando fai questo esercizio. Completa un servizio e poi cambia il lato e completa i prossimi servizi in modo che ti abituerai a servire da diverse angolazioni sulla linea di base.

Una volta colpite 30-100 palle sul lato destro cambiare lato e fai lo stesso sul lato opposto. La quantità di servizi da eseguire è determinata dal tuo livello di gioco e anche da quanti servizi puoi colpire senza sentirti stanco.

12. L'esercizio per il servizio Variegato

Per questo esercizio dovrai imparare a servire senza effetto, con slice, con topspin o con kick in modo da colpire bene la pallina. Per questo esercizio inizierai a servire senza effetti a seguire uno slice per poi passare ad un topspin e un kick. Questo ordine è importante, ma non rigoroso perché puoi passare da un colpo senza effetto ad un kick o ad uno slice. La chiave qui è la varietà. Non sei autorizzato a servire lo stesso tipo di servizio. È necessario mescolare ogni servire dopo aver colpito l'ultimo. Questo ti aiuterà a vincere molti più servizi e avere più punti sul servizio a causa del livello di difficoltà che ti darà il tuo avversario. Variegare il servizio ti aiuterà a non essere troppo prevedibile.

Quando avrai colpito 30-100 palle sul lato destro del campo da tennis, cambia e fai lo stesso sul lato opposto. La quantità di servizi colpiti è determinata dal tuo livello di gioco e anche da quanti servizi puoi eseguire senza danneggiare la spalla, soprattutto se hai avuto problemi alla spalla in passato.

Servi 30 palline dentro la linea senza effetti, con slice, topspin in questo ordine.

13. Esercizio per allenare la Potenza del servizio

In questo esercizio dovrai iniziare a servire dal tuo lato destro del campo. Inizierai servendo in modo leggero al fine di rallentare la velocità ogni volta che servirai la palla. Il primo servizio che colpisci dovrà essere davvero lento, il secondo un po' più veloce, ecc. Quando sarai al tuo sesto servizio, avendo iniziato in modo morbido, aumenterai la difficoltà del tiro. Ripeti questo procedimento per tre volte andando da lento a veloce come per scaldarti e per capire quanto più duro e veloce sia divenuto il tuo servizio. Quando avrai capito quanto duramente puoi servire, colpisci con forza 20-60 palle sul lato destro del campo da tennis, cambia e fai lo stesso sul lato opposto. La quantità di servizi colpiti è determinata dal tuo livello di gioco e anche da quanti servizi puoi eseguire senza danneggiare la spalla, soprattutto se hai avuto problemi alla spalla in passato.

Assicurati in questo esercizio di provarci mantenendo un buon livello di tecnica se possibile in modo che tu non vada solo verso la forza per perdere quello che è più importante per il tuo servizio, ovvero la dolcezza. Con un servizio dolce e rilassato riuscirai a colpire più velocemente e utilizzando una tecnica corretta I servizi saranno più efficaci.

14. L'esercizio per il servizio corto in campo

Per questo esercizio si vuole iniziare servendo dal lato destro ma non da fondo campo bensì vicino alla linea di metà campo. Il tuo obiettivo è quello di servire in area di servizio come si farebbe normalmente, ma restando in piedi molto più vicino all'interno del campo. Hai il permesso di lanciare la palla e prendere contatto di fronte a te, senza fare fallo di piede. Completa 20 servizi sia sul lato destro che su quello sinistro. Annota il numero delle volte che metti a segno il servizio e se il secondo rimbalzo ha colpito la recinzione posteriore o se non ha raggiunto la rete di fondo campo. Per i giocatori professionisti, misurare a che altezza viene colpita la recinzione posteriore e cerca di arrivare sempre più in alto di volta in volta.

Dopo aver completato 20 servizi per ogni lato, in piedi poco prima della linea di metà campo, fai un passo indietro e servi un lancio verso l'area di servizio. Dopo, fai un altro passo indietro e servi di nuovo. Lentamente continua a fare un passo indietro ogni volta che hai finito di servire fino a raggiungere la linea di base che è dove potrai stare una volta raggiunto quel punto nel campo. Quando si raggiunge la linea di base servono altri 20 servizi da lì su entrambi i lati, a destra e a sinistra del campo. Una volta raggiunta la linea di base ricordati di colpire più in alto perché le prime volte potresti colpire la rete a causa dell'angolazione della racchetta alla quale ti sei abituato dalla linea di metà campo.

15. Esercizio sul servizio in ginocchio

Per questo esercizio è necessario un tappetino o un asciugamano comodo che non darà alle ginocchia alcun dolore se ti inginocchi su di esso. Inizia in ginocchio sul tappeto pur essendo proprio sulla linea di base sul lato destro del campo. Lancia una palla servendo nel box di servizio. Potrai completare un normale servizio, tranne la parte inferiore del corpo che sarà inesistente poiché sarai in ginocchio. Completa 10-20 servizi mentre sei in ginocchio, poi alzati e fai 10-20 servizi normali senza il tappetino. Questo è il tuo primo giro di servizi. Torna in ginocchio e inizia il secondo turno di servizi. La combinazione deve essere un giro in ginocchio seguito da un giro in piedi. Ripetere questa operazione per 3 volte per completare una parte del campo. Ora dovresti aver servito 30-60 palle sul lato destro. Una volta che hai finito con il lato destro sposta il tappetino sul lato sinistro e ricomincia tutto da capo. Entro la fine di questo esercizio è necessario aver completato 60-120 servizi. La quantità di servizi dipenderà dal tuo livello di comfort e di quanto sia difficile l'esercizio quel giorno.

ATTENZIONE: Non completare tutte le esercitazioni qui sopra lo stesso giorno, così come non dovresti eseguire 1000 servizi in una sessione di giorno o di formazione. Scegli uno o due al massimo per sessione al giorno o di allenamento e lavora su quelli. Tutti questi esercizi sono importanti e miglioreranno il tuo servizio ed è sufficiente scegliere quelli che desideri fare e completare durante la settimana o il mese per ottenere il massimo da questi 15 punti. Assicurati di avere qualcuno che tenga d'occhio la tua tecnica generale dal momento che è più importante avere un servizio di successo e ti aiuterà a raggiungere il tuo potenziale più velocemente. Fai Stretching e riscaldati prima di iniziare a servire. Salta la corda, fai jogging, lancia la palla, fai cerchi con le braccia sono tutti buoni modi per riscaldarti prima di servire.

15 Esercizi sul Servizio nel Tennis, Esercizi per potenziare la Resistenza, Rotazione, e Potenza

Tip #1: Colpisci la palla più in alto quando servi

La maggior parte delle persone danno la colpa dei loro errori al braccio che colpisce la palla, ma la maggior parte delle volte quel braccio oscillante non c'entra per niente. E' tutta una questione riguardante il braccio che lancia la palla.

Gli elementi chiave per un buon lancio sono:

- Tieni il braccio che lancia rilassato e assicurati di tenere la palla con delicatezza. Dovresti prendere la palla con la punta delle dita e non con il palmo della mano.

- Cerca di lavorare per mettere la palla in aria, invece di lanciarla in alto. Questo renderà il tuo lancio più preciso e coerente.

- Il posto migliore per lanciare la palla è sempre un piede al di là della spalla destra di fronte al campo per servire uno slice oppure un colpo senza effetti. Se stai servendo un kick dovresti gettare la palla dietro la testa o al di sopra, a seconda dell'arcata che andrai a creare con la schiena.

Ti consiglio di provare il tuo lancio almeno 30 volte prima di colpire realmente la pallina e fallo almeno 3 volte alla settimana.

Se hai un lancio non molto buono non riuscirai mai a servire bene e devi iniziare a prestare maggiore attenzione al braccio con il quale lanci se vuoi migliorare il tuo tiro.

Tip #2: Passo separato prima di ogni colpo

Alcune persone pensano che per mettere lo sprint alla loro lentezza bisogna correre 5 miglia ma non sanno che dà più risultati un allenamento di intelligenza che di durezza.

Lo "Split Step" non è altro che un salto con entrambi i piedi per aiutarti ad aspettare il colpo del tuo avversario. Assicurati che essi rimangano circa alla distanza delle spalle per aiutarti a rimanere basso.

Lo " Split Step " può essere fatto con un salto basso e veloce o un salto alto e lento a seconda di quanto velocemente sta andando il punto. Vai veloce e rapido per raccogliere punti veloci. Lento e alto per alti topspin rimbalzanti, per punti più lenti.

Quando dovresti eseguire lo " Split Step "?

Beh, c'è un momento preciso in cui si deve fare il saltino. Si dovrebbe prendere il passo giusto quando il tuo avversario entra in contatto con la palla in modo da reagire il più veloce possibile in qualsiasi direzione che ti può essere richiesta.

Come si esegue lo split step?

Saltare la corda con entrambi i piedi allo stesso tempo aiuta a costruire la forza e la resistenza in modo che non ci si stanca di farlo durante la partita.

Si può anche stare alla linea di base e saltellare avanti e indietro con entrambi i piedi allo stesso tempo, mantenendo i piedi alla stessa distanza delle spalle.

Fare allenamento pliometrico o saltare è molto efficace anche per aiutarti a migliorare il tuo split step e soprattutto la capacità del salto. La cosa importante è fare allenamento su una superficie morbida e non esagerare o le ginocchia pagheranno il prezzo.

Tip #3: Investire più tempo sul punto di contatto

Tutti pensano di guardare la palla, e lo fanno, ma non nel modo in cui dovrebbe essere fatto per stabilire un contatto pulito.

Ti capita mai di notare che tutti i manifesti di professionisti del tennis li mostrano sempre mentre guardano la palla nel momento in cui toccano la palla?

Beh, questo è perché sanno quanto sia importante per il loro gioco.

Il segreto è imparare a investire più tempo e tenere gli occhi sulla palla nel punto di contatto e di non distogliere lo sguardo troppo in fretta verso la destinazione. Dopo aver colpito la palla non c'è niente che tu possa fare per farla andare dentro al campo. Tutto ciò che conta è il momento in cui si effettua il contatto.

Prova queste tecniche per aiutarti a investire più tempo nel tuo punto di contatto:

- Quando effettui il contatto con la palla prova a vedere quale numero la pallina ha su di essa. Sembra pazzesco, ma non credo che sia impossibile. È anche possibile cercare i segni sulla palla, ma cercando di leggere il numero sulla pallina è una bella sfida.

- Prova a guardare l'ombra della tua racchetta come oscilla quando effettua il contatto per determinare se la racchetta è angolata correttamente per mandare la palla nella giusta direzione. Per alcune persone potrebbe essere una racchetta diritta mentre altri potrebbero avere una racchetta inclinata per top spin o slice.

- Quando la racchetta oscilla i tuoi occhi non saranno mai abbastanza veloce per vederla, ma si può vedere l'ombra o la silhouette che si crea quando oscilla e questo è ciò che si vuole mettere a fuoco per aiutare a mantenere gli occhi sul punto di contatto.

- Un esercizio difficile ma divertente è avere qualcuno che ti lanci alcune palle per fartele colpire, ma non ti sarà permesso guardare dove stanno andando. È possibile concentrarsi solo sul momento in cui si colpisce la pallina. In basso, superiore, laterale o centrale è tutto ciò che ti interesserà di sapere ogni volta che colpirai la palla. All'inizio sarà difficile resistere e non guardare dove le palla tocca terra, e se va dentro o fuori, ma con la pratica diventerà più facile.

Tip #4: Segui tutti I tuoi tiri sul campo

Quando siamo sotto pressione tutti noi limitiamo il movimento pensando che contribuirà più spesso a mantenere la palla all'interno delle linee, ma in realtà è l'esatto contrario.

E' necessario seguire totalmente e completare il tiro nel tennis. Portare a compimento una mezza oscillazione vi regalerà già la metà di un buon tiro.

Ancora più importante, ripetendo lo swing sbagliato (senza seguirlo) ti incoraggerà solamente a fare lo stesso in una partita o sotto pressione.

La maggior parte delle persone che seguono uno schema simile, ovvero di ridurre lo swing hanno un livello sempre maggiore di stress. Per modificare la situazione bisogna prendere l'abitudine di eseguire tutto il movimento e seguirlo fino a quando la palla tocca terra.

Un buon esercizio che puoi praticare per migliorare il tuo modo di seguire il movimento è quello di segnare una "X" su entrambi i gomiti e poi iniziare a colpire alcune palle. Il tuo partner o allenatore dovrebbe essere in grado di vedere la "X" ogni volta che hai finito il tuo swing e in questo modo dimostrerai di aver seguito tutto il colpo. Questo è un grande esercizio per i giocatori che vogliono migliorare il loro monitoraggio in situazioni di pressione.

Tip #5: Lavora sull'uniformità del servizio per vincere più spesso

Servire un ace e poi un doppio fallo semplicemente ti lascia uguale a quando sei partito. Tornare a pareggiare e non è l'obiettivo.

Il segreto per rendere più coerente il tuo servizio è quello di iniziare con una velocità lenta e poco a poco lavorerai a velocità più elevate, in modo da farlo diventare sempre più uniforme.

Essere in grado di ridurre la quantità di doppi falli mentre si gioca una partita può avere un grave effetto sui tuoi risultati. Vincere un gioco extra o due, sotto forma di un doppio errore può significare vincere più partite.

Gli elementi di base per migliorare la coerenza del servizio sono:

- L'aggiunta di un po' di rotazione al tuo servizio per aggiungere il controllo e la direzione.

- Ripetere lo stesso movimento più e più volte. Non cercare di colpire la palla più duramente e non cercare di variare troppo il tuo servizio così spesso da non riuscire più ad ottenere uno slice o un tiro senza effetto perché lo stai variando troppo spesso.

- Non avere fretta. Fai rimbalzare la palla più spesso e respira prima di servire per aiutare a rallentarti.

Eseguire un servizio non è una gara, ma si tratta di ottenere il punto il più spesso possibile!

Tip #6: Restituisci più servizi con un buon gioco di gambe

I tuoi piedi sono collegati alle mani ed al cervello. Migliore è il gioco di gambe così pure la reazione di mani e cervello saranno apprezzabili.

Quando ti trovi sulla linea di base per rispondere ad un servizio è come avviare un motore. Quel motore ha bisogno di essere riscaldato prima di andare al massimo della capacità. Il modo migliore per tenere pronto tutto il corpo per restituire il servizio, e quello di avere i piedi in movimento. Saltellare, saltare più in alto, alternando le gambe o saltare con la corda sono tutti buoni punti di partenza.

La cosa peggiore che puoi fare per restituire un servizio è stare fermo in piedi quindi assicurati almeno di essere sulla punta dei piedi, o almeno sulla parte anteriore dei piedi.

Spostati in avanti mentre rispondi ad un servizio come per trasformare il tuo corpo in un muro in movimento su cui la palla rimbalzerà quando verrà colpita.

Eseguire dei saltelli e muoversi prima di rispondere al servizio è la cosa migliore che puoi fare e sarà sicuramente un aiuto per la tua ricezione indipendentemente dalla forza o dall'effetto di rotazione che si portano dietro i servizi.

Tip #7: Scaldati a fondo prima di iniziare un incontro per cominciare bene la partita

Eseguire dei saltelli prima di una partita può fare la differenza soprattutto riguardo i primi risultati che ti sei prefissato.

La maggior parte delle persone ha un riscaldamento molto leggero che comprende: stretching, chiacchiere con il direttore del torneo o arbitro, congratulazioni da parte degli amici, e l'osservare verso l'altra parte del campo prima di iniziare la partita.

Il modo giusto per riscaldarsi prima della partita potrebbe essere quello di:

- Fare allungamenti dinamici per riscaldare tutto il corpo in circa 15 minuti (o più a lungo se senti di averne bisogno).

- Fare jogging intorno al campo un paio di volte in tutte le direzioni: in avanti, di lato e indietro per sciogliere le gambe e i piedi.

- Fare dei passaggi leggeri con qualcuno che si sente a proprio agio. Assicurati di eseguire tutti i colpi che pensi si potrebbero utilizzare contro il tuo avversario. Colpi di base che andrebbero sempre provati sono: diritto, rovescio, volée, tiri dall'alto, e servizio. Colpi più complicati da provare e da utilizzare sono: diritti e rovesci angolati, drop shots, slice, i pallonetti con topspin, ecc.

- Fare un riscaldamento leggero se ti sei allenato con gli elastici come parte del riscaldamento, ma se non l'hai fatto, non iniziare un attimo prima della partita.

- Controllare la borsa per assicurarsi di avere qualcosa da bere, impugnature extra, asciugamano, camicia di ricambio, calzini in più, uno spuntino sano, etc.

Tip #8: Vai dello stretching dopo ogni partita per essere pronto per il tuo prossimo avversario

Dopo aver vinto una partita dovrai probabilmente affrontarne un'altra nelle prossime 48 ore, il che significa che più sarai perdente, migliore sarà la tua performance nelle partite a seguire.

Impara a renderlo parte della tua routine, non importa il risultato del match, fai stretching dopo ogni partita. A volte, dopo aver vinto potresti essere tentato di non fare allungamenti perché vuoi festeggiare e non hai bisogno di soffermarti sullo stretching. Altre volte si perde e si decide di non preoccuparsi neppure di fare stretching perché se hai perso la partita non c'è differenza in quanto non si affronteranno avversari né oggi, né domani o in settimana.

Il modo giusto per avvicinarsi a questa abitudine è capire che il tennis necessita di miglioramento continuo che non può avvenire in un solo giorno o in una settimana. Ci vuole tempo per sviluppare lentamente il tuo gioco e per fare in modo di assicurarti che tutti i pezzi del puzzle stiano lavorando il più spesso possibile. Uno dei pezzi più importanti del puzzle include la tua mobilità globale che consiste nel diventare più agile e flessibile. Il momento migliore è quando si è ancora caldi e sudati. È per questo che si dovrebbe fare dopo le partite.

Tip #9: Lavora su ogni punto dell'incontro, specialmente I primi punti del vero gioco

Ti sei mai chiesto quale sia il punto più importante della partita? Beh, ogni singolo punto è importante, anche perché valgono tutti in egual modo. Devi solo accumularne abbastanza per vincere la partita.

Alcuni punti contano di più a causa del punteggio o del momento in cui ci si trova.

Per ottenere un vantaggio, nella maggior parte delle partite di tennis, cerca di lavorare extra duro sui primi punti di ogni partita per iniziare la sequenza positiva in ogni gioco.

Le probabilità saranno sempre a tuo favore quando si iniziano a vincere i primi punti di ogni partita e soprattutto dopo aver vinto il primo set. Si dice che la maggior parte delle persone una volta vinto il primo set vincono anche la partita, il 70% delle volte, che ti fa capire l'importanza di vincere il primo set e di farlo dal primo punto.

Molte volte, partendo con un vantaggio di 15-0 o 30-0 in ogni partita ti dà un vantaggio mentale che il tuo avversario non ti può togliere e lui o lei ti darà spesso modo di pensare che sia molto indietro nel punteggio. Questo lo farà perdere spesso con errori stupidi di distrazione o per giochi troppo aggressivi.

Lavora su ogni punto della partita e osserva come sia miracoloso per il tuo gioco e come ti potresti stupire per vittorie inaspettate.

Tip #10: Chiudi le partite in modo deciso prima che sia troppo tardi

Non riesci a vincere? Beh, potrebbe essere perché non stai facendo la cosa più importante per chiudere positivamente una partita di tennis. Chiudila!

La cosa più difficile in una partita di tennis molte volte è chiuderla. Se non si riesce a portare fino in fondo una partita, non si vinceranno mai eventuali incontri o tornei. La verità è che, pur imparando molto dalle sconfitte, si impara anche a godere delle partite vincenti.

Vincere chiudendo le partite è importante quindi cerca di andare incontro ad alcune cose molto importanti da fare nel momento in cui puoi chiudere una partita.

In primo luogo, cerca di capire che cosa stai facendo per vincere punti nella partita, perché avrai maggiori possibilità di vincere il match point facendo esattamente quello che ti ha portato fino a quel punto.

In secondo luogo, non lasciare che il tuo corpo si blocchi. Tieni i piedi in movimento e la testa alta, non importa quanto sei stanco.

In terzo luogo, mantieni un atteggiamento positivo! Se il tuo avversario colpisce un colpo impossibile e non potevi farci nulla, non pensarci su o scoraggiarti. Quanti colpi impossibili pensi che possa colpire consecutivamente? Non abbastanza per impedirti di vincere il match point.

Quattro, impara a non affrettare il match point. La maggior parte degli errori e delle decisioni sbagliate accadono quando si va troppo veloci. Prenditi il tuo tempo e fai le cose con il tuo ritmo, anche se il tuo avversario si lamenta perché stai giocando troppo lentamente.

Infine, impara a trasferire la pressione sul tuo avversario portandolo alla rete e costringendolo a palleggiare o semplicemente passare. I tiri alti sono molto temuti specialmente quando si è sotto pressione. È inoltre possibile correre in rete dalla sua parte più debole e costringerlo a passare la palla invece di andare sul sicuro.

Il miglior libro di strategia in giro: 32 strategie di tennis per il gioco contemporaneo

32 STRATEGIE DI TENNIS PER IL GIOCO CONTEMPORANEO di Joseph Correa Giocatore di tennis professionista e allenatore, Joseph Correa, ti insegna le strategie di tennis più importanti in giro per aiutarti a massimizzare il tuo potenziale. Ulteriori informazioni su: - le strategie di base del tennis - tennis strategie avanzate - strategie di tennis mentali - e molto altro ... Alcune delle strategie che si impareranno sono: Come battere un giocatore a tutto campo. Si può imparare: come battere il "net rusher". Come superare i "lobbers". Cosa fare dopo il doppio errore. Impara dai migliori con questo grande libro di strategia di tennis che ti aiuterà a vincere più partite e pensare meglio sul e fuori dal campo. Vinci più partite utilizzando la strategia giusta per ogni situazione. Ogni giocatore è diverso a modo suo. Alcuni giocatori preferiscono rimanere sulla linea di base, mentre altri preferiscono correre in rete. Questo libro ti darà la risposta alle tue domande di strategia. Le 32 strategie ti insegneranno come battere molti tipi diversi di giocatori e ti aiuterà a superare gli ostacoli mentali attraverso specifiche strategie mentali che sono incluse in questo libro.

Bonus: 5 errori che probabilmente non sai di fare

#1 Cerchi mai te stesso attraverso le partite di alter persone?

Inizia focalizzandoti sulla tua partita e non sull'ambiente circostante.

#2 Ti sei mai trovato a piedi intorno al campo?

Lavora per mantenere i piedi in movimento quando non devi fare cambio di campo. Questa è una cosa molto semplice ma molto efficace da iniziare a fare.

#3 Hai mai rinunciato dopo aver perso il primo set?

La maggior parte delle persone non si accorgono di quanto velocemente il secondo set vada male dopo aver perso il primo set. Non lasciar perdere tutto se il primo set è andato male. Imposta la tua mente per lavorare punto per punto e gioco per gioco, non set per set.

#4 Ti capita di camminare nel cambio campo invece di sederti?

Il 90% della partita si gioca nella tua mente in modo da imparare a prendere il tempo per sederti e riflettere sulle cose. Apporta le modifiche e scegli gli aggiustamenti da apporre fino a quando starai giocando al meglio e con la giusta strategia per vincere più punti.

#5 Non hai bisogno di bere liquidi la sera prima o la mattina della tua partita?

Da dove pensi provenga tutto il sudore quando si gioca il primo set? Hai indovinato! Dai liquidi bevuti almeno un'ora prima della partita. Dover andare in bagno non è un problema, ma altrimenti rischi la disidratazione. Bevi liquidi prima e dopo l'incontro dal momento che non sai se dovrai giocare un terzo set o due partite in un giorno.

ALTRI TITOLI DI JOSEPH CORREA

Programma di allenamento per un grande servizio nel Tennis

Questo DVD vi insegnerà come servire 10-20 mph più velocemente in un programma di tre mesi, giorno per giorno. Il miglior programma di allenamento per servizi presente sul mercato. Il video include un programma di formazione grafico da 3 mesi e un manuale passo passo. Il DVD mostra come fare gli esercizi correttamente le modalità con le quali si dovrebbero eseguire per avere successo con il programma.

Joseph Correa è un giocatore di tennis professionista e allenatore che ha gareggiato e insegnato in tutto il mondo in tornei ATP e ITF per molti anni. Oltre ad essere un giocatore di tennis professionista, ha una certificazione USPTR di coaching professionale ed una certificazione ITF di coaching per bambini.

Le 33 leggi del Tennis

Le 33 leggi del Tennis è un libro pieno di concetti del tennis preziosi per aiutarti a diventare un giocatore di tennis migliore e più preparato. Questo libro è stato scritto da un giocatore di tennis professionista e allenatore degli Stati Uniti. E 'un libro molto utile che sarà indispensabile e quando meno te lo aspetti ti ricorderà tante piccole ma importanti cose prima di gareggiare.

Il lavoro dei piedi ed Il Cardio nel Tennis di Joseph Correa

Joseph Correa è un giocatore di tennis professionista e allenatore che ha gareggiato e insegnato in tutto il mondo in tornei ATP e ITF per molti anni. Oltre ad essere un giocatore di tennis professionista, ha una certificazione USPTR di coaching professionale ed una certificazione ITF di coaching per bambini.

Per essere più in forma e migliorare la tua mobilità dentro e fuori dal campo da tennis. Un buon lavoro del piede ti migliorerà drasticamente sia rafforzando il tuo cuore sia la parte superiore del corpo. Vedere questo video vale sicuramente la pena per un giocatore di tennis serio, non importa quale sia il tuo livello. Diventerai più veloce, più forte e più agile, e in campo noterai un aumento di accelerazione nel servizio e nelle palle ribattute. Creato da un giocatore di tennis professionista per gli altri per progredire nel loro gioco e vincere più partite.

Lo Yoga nel Tennis di Joseph Correa

Yoga Tennis di Joseph Correa è un ottimo modo per aumentare la tua flessibilità e agilità nel campo. Raggiungi più palle e con un minor numero di infortuni. E 'un ottimo modo per vincere di più, lavorando su una parte diversa del tuo gioco. Il DVD dura circa 30 minuti. Utilizzato da tennisti dilettanti e professionisti per migliorare il loro gioco e durare più a lungo nelle partite. Questo è il modo migliore per un giocatore di tennis a diventare più flessibile e sbarazzarsi di comuni mal di schiena, ginocchio, spalla, tendine del ginocchio, polpaccio, e lesioni al quadricipite. Sarai entusiasta di iniziare! Questa è una versione migliorata del nostro MBS Yoga Tennis 2012.

Addominali nel Tennis di Joseph Correa

Fare esercizi addominali nel Tennis è un grande metodo per migliorare il tuo stato fisico per avere servizi più potenti, diritti e rovesci così come potenti volée. Gli addominali sono la chiave per un gioco migliore. Questo DVD lavora su molti tipi di esercizi di piegamenti, su e giù, e addominali laterali e posteriori che potrai trovare in altri video di addominali. Prendi confidenza quando ti cambi la maglietta durante la partita e colpisci la palla più duramente!

www.ingramcontent.com/pod-product-compliance
Lightning Source LLC
Chambersburg PA
CBHW052125070526
44586CB00016B/2094